MW01713316

Ghost secret

Le tournoi maudit

© Hachette Livre, 2008. Tous droits réservés.

Couleurs : Christophe Araldi
Conception graphique : Valérie Gibert et Philippe Sedletzki

Hachette Livre, 43 quai de Grenelle, 75015 Paris.

Sophie Marvaud

Illustrations : Céline Papazian

Ghost secret

Le tournoi maudit

HACHETTE

Quelque part loin des routes, caché au cœur d'une forêt profonde, se trouve un château très vieux, immense et sombre, appelé :

le Château des Ombres.

Les héros

Cléo est toujours en pleine forme. Ce qu'elle préfère, c'est grimper aux arbres, nager, et courir à toute vitesse. Elle trouve la vie très intéressante et elle a toujours plein de questions à poser. Quelle chance que son meilleur ami, Balthazar, ait réponse à tout… ou presque !

Grodof, le chien de Cléo, est un bâtard aussi malin qu'un teckel, aussi rapide qu'un lévrier, aussi costaud qu'un rottweiler et aussi tendre qu'un labrador. Mais il est le seul chien au monde à avoir de longues oreilles pointues, enroulées sur elles-mêmes comme des tire-bouchons.

Balthazar adore réfléchir comme un détective. Il sait énormément de choses, grâce à son ordinateur, à la télé et aux livres. Il déteste se bagarrer, ou jouer au foot. Mais il accompagne partout Cléo, sa meilleure amie, parce qu'avec elle, il est sûr de ne jamais s'ennuyer !

Chaque soir, au douzième coup de minuit, dans le grand donjon de l'aile nord, apparaissent sept fantômes.

Les enfants attendent avec impatience ce moment magique.

Traînant leur lourd boulet au bout d'une chaîne, les sept fantômes traversent les murs en gémissant. Ils errent dans la salle des gardes, glaciale, et plus sombre que la nuit. En montant l'escalier en colimaçon, ils s'énervent contre le boulet qui les tire en arrière. Au cours de leur vie, ils ont fait une très, très grosse bêtise. Quand ils étaient vivants, cette bêtise les empêchait de dormir.

Maintenant qu'ils sont morts, son souvenir les empêche de s'envoler vers le Pays du Repos Souriant.

De toutes leurs forces,
ils espèrent que quelqu'un
viendra les délivrer…

Un jour, le dernier des sept fantômes dépose au bas de l'escalier **UNE ÉPÉE DE CHEVALIER**.

Les enfants s'en approchent... Et ils sont transportés au cœur d'une incroyable aventure...

Chapitre 1

Le cinquième fils

— Une épée de chevalier ! s'exclame Balthazar. Tu as vu, Cléo ? Elle est toute rouillée !

En haut de l'escalier, le fantôme se retourne. Sous son drap, on distingue une cotte de mailles et un heaume.

— Pauvre de moi... gémit-il.

Et sa voix résonne de manière lugubre dans son heaume.

Cléo s'agenouille à côté de l'épée.

— Balthazar ! Grodof ! On voyage ensemble ?

Le chien tend sa patte et les enfants la main... Ensemble, ils touchent l'épée et le château disparaît, remplacé par un haut pont de pierres, qui domine une rivière.

C'est le printemps. Gonflé

par les pluies, le courant est d'une puissance inhabituelle. Le chevalier, le futur fantôme, est debout sur le rebord du pont et il fixe l'eau tumultueuse.

— Ma vie est trop cruelle ! s'écrie-t-il. Adieu !

— Il va sauter dans la rivière ! s'écrie Cléo. Il faut l'en empêcher. Vite !

Mais elle se prend les pieds dans ses trois jupes épaisses de paysanne. Et Balthazar trouve les cailloux bien pointus sous ses semelles fines. Heureusement qu'en quelques bonds Grodof a rejoint le chevalier. Il attrape dans sa gueule la jambe recouverte de mailles de fer.

— Lâche-moi ! crie le chevalier en se débattant.

— Mon chien vous lâchera,

dit Cléo, quand vous aurez donné votre parole d'honneur que vous ne sauterez pas.

Le chevalier donne sa parole, puis s'assoit sur le rebord du pont. Quelques sanglots résonnent dans le heaume qui lui recouvre le visage.

— Mais je ne veux plus vivre ! Je suis désespéré !

— Pourquoi ? lui demande Cléo. Qu'est-ce qui t'est arrivé ?

— Je suis le cinquième fils de mon père.

Elle écarquille les yeux, sans comprendre. Il poursuit :

— Mon père vient de mourir. Mon frère aîné hérite de son magnifique château et des vastes terres alentour. Mon deuxième frère est devenu évêque : lui aussi vivra dans le luxe. Mon troisième frère peut se consoler avec un domaine modeste, qui vient de ma mère. Mon quatrième frère s'est fait moine : il consacrera son temps à Dieu et aux pauvres. Mais au moins, il mangera à sa faim. Quant à moi, Béranger de Montaigu, le cinquième fils, voilà mon seul héritage : l'ancienne cotte de mailles de mon

père, qui est trop grande pour moi… cette épée toute rouillée… cet écu de bois sans blason… et ce vieux canasson, appelé « Sac-d'os ».

Il désigne le cheval attaché à l'entrée du pont. Celui-ci n'a que la peau sur les os, et quand il ouvre sa mâchoire tout grand sur l'herbe tendre, il montre sa dernière dent, noire et tremblante.

Grodof hoche la tête, l'air de dire : « Pauvre vieux cheval. »

— C'est injuste ! s'exclame Cléo. Ton père aurait dû partager son domaine en autant de parts qu'il avait d'enfants.

— Son fief aurait perdu toute sa puissance, lui fait remarquer Balthazar.

— Et tu n'as pas de sœurs, Béranger ?

— Si, quatre. Les deux premières ont été mariées à des amis de mon père. Les deux autres ont été mises au couvent.

— C'était ce qu'elles voulaient ?

— Aucune idée. Personne ne leur a demandé leur avis.

Béranger retire son heaume et se dépêche d'essuyer ses yeux. Son visage plein de jeunesse contraste avec son corps robuste.

— Un chevalier doit être courageux et généreux. Mais comment puis-je offrir des banquets, avec les sept sous que j'ai en poche ? Comment puis-je secourir la veuve et l'orphelin, avec mon cheval qui refuse de galoper ?

Chapitre 2

Le défi

— Hum, hum… fait Balthazar, pensif. Au moins, Béranger, tu as la chance d'être jeune et en bonne santé. Est-ce que tu es courageux dans les combats ?

— Bien sûr ! Avec une épée

convenable et un autre cheval que Sac-d'os, je serais redoutable... C'est justement ça qui me désespère !

— Je comprends... Mieux équipé, tu pourrais gagner ta vie en participant à des tournois.

— Exactement.

— Il faut essayer ! décide soudain Balthazar. Nous serons là pour t'aider, Cléo et moi. Ton défi, ce sera de réussir un coup d'éclat dès les premières minutes du tournoi, avant que Sac-d'os ne soit épuisé. Avec l'argent gagné, tu pourras t'acheter une meilleure monture.

Le chevalier redresse un peu la tête.

— Je sais qu'un tournoi aura lieu demain chez le Sieur de Chaudes-Aigues, à quelques lieues d'ici.

Les yeux de Cléo pétillent. Elle attrape les rênes du cheval.

— Formidable ! Allons-y à pied, pour ne pas fatiguer Sac-d'os.

Après deux heures de marche, une forteresse se dresse enfin à l'horizon, avec son donjon massif,

ses murailles et ses nombreuses tourelles.

À ses pieds, quelle agitation ! Des paysans se hâtent de terminer des constructions de bois : des tribunes pour les spectateurs et les juges, et, pour délimiter le lieu du combat, des barrières appelées « lices ».

À côté, on plante des tentes pour les chevaliers invités, car le tournoi va durer trois jours. Tout autour, des artisans s'installent dans des baraques en bois. Ici, on peut faire ferrer sa monture. Là, on peut grignoter de la charcuterie. Plus loin,

on pourra bientôt regarder une courte pièce de théâtre, ou bien participer à un concours de tir à l'arc…

Balthazar est émerveillé :

— C'est exactement comme dans un film sur le Moyen Âge !

Il s'arrête devant le stand du maréchal-ferrant.

— Bonjour, monsieur. Est-ce que vous pourriez vérifier les sabots

de notre cheval, s'il vous plaît ?

L'homme éclate de rire.

— De ce vieux canasson ? Mon garçon, tu vas perdre ton argent, et moi mon temps.

Béranger rougit de honte, mais les enfants insistent et le

maréchal-ferrant finit par céder. Ensuite Sac-d'os est nourri, brossé, et laissé au repos dans une écurie. Grodof se couche entre ses pattes et lève le museau, l'air de dire :

« Occupez-vous de votre nouvel ami. Moi, je surveille sa monture. »

— Qu'est-ce qu'on peut faire pour l'épée rouillée ? demande Cléo pendant qu'ils retournent vers les lices.

Elle est interpellée par un artisan :

— Je rénove les armures et les épées ! En moins de temps

qu'il n'en faut pour le dire !

En échange d'un sou, l'épée de Béranger est placée dans un tonneau rempli de son, que l'homme fait rouler dans tous les sens à toute vitesse. L'épée en sort débarrassée de sa rouille et toute brillante.

— Béranger ! s'écrie Cléo. Te voilà un chevalier tout neuf !

Celui-ci secoue la tête et marmonne.

— C'est bien beau de réussir un coup d'éclat dès les premières minutes du tournoi... Mais il ne suffit pas qu'on me

remarque. Il faut aussi qu'on me reconnaisse ! Mon heaume cachera mon visage. J'ai besoin d'un blason…

Chapitre 3

Un ours bleu

Béranger se plante devant un stand surmonté d'innombrables bannières aux couleurs éclatantes.

— N'importe qui a le droit de créer son propre blason,

explique Balthazar à Cléo, à condition de ne pas recopier celui de quelqu'un d'autre. C'est une sorte de carte de visite, qui se transmet de père en fils aîné.

L'artisan s'incline devant Béranger.

— Bonjour, chevalier. Êtes-vous aussi loyal que le roi Arthur ? Dans ce cas, l'azur est pour vous. Ou bien, comme Gauvain, vous ne connaissez pas la peur ? Choisissez les gueules ! Avez-vous le cœur pur comme Galaad ? Prenez l'argent !

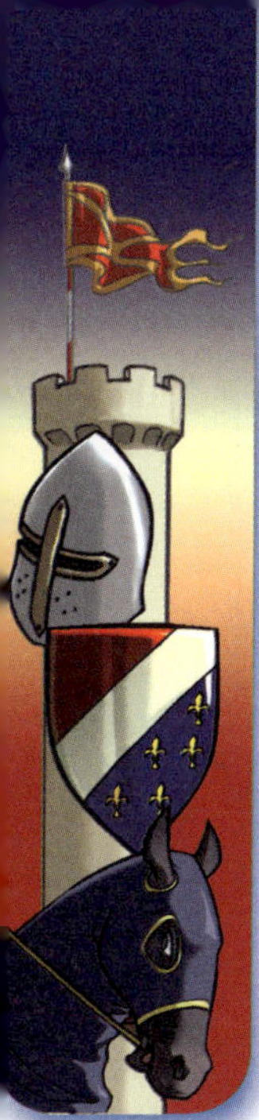

— Je ne comprends rien à ce qu'il raconte ! chuchote Cléo à l'oreille de Balthazar.

— C'est normal. Arthur, Gauvain et Galaad sont les héros des chevaliers. Et quand on parle de blasons, les couleurs changent de nom. L'argent, c'est le blanc. L'or : le jaune. L'azur : le bleu. Les gueules : le rouge. Le sable : le noir. Le sinople : le vert.

— Oh, là, là !... C'est drôlement compliqué !

— Pas tant que ça.

C'est une sorte de code, qu'il suffit de retenir.

Après avoir discuté longuement avec l'homme, Béranger se décide :

— Je veux un écu d'or orné d'un ours d'azur.

— Ardeur, force et loyauté… Joli choix, monsieur, le complimente l'artisan.

— Pourvu que j'en sois digne ! murmure le chevalier, soudain très inquiet.

Le lendemain matin, le tournoi commence ! Près des lices, au milieu de la foule des chevaliers et des écuyers, Cléo et Balthazar aident Béranger à grimper sur Sac-d'os. Puis ils lui tendent sa lance et son écu, décoré d'un ours bleu assez effrayant.

L'un après l'autre, les chevaliers entrent sur le terrain. Entre deux sonneries de trompette, un annonceur, appelé un héraut, déchiffre leurs blasons d'une voix puissante :

— Le chevalier Jehan de Sombrefosse ! proclame-t-il, devant un écu noir décoré de dragons blancs.

— Le chevalier Eudes de Petitpré ! dit-il en voyant passer un blason jaune barré de rouge.

Lorsque Béranger se présente, le héraut hésite, cherchant dans sa mémoire. Balthazar se dépêche de lui souffler :

— L'ours d'azur sur écu d'or représente le chevalier Béranger de Montaigu.

À cet instant, une dame au hennin vert, une sorte de chapeau pointu, tourne la tête vers eux. Dans ses yeux, Cléo lit de l'admiration pour

la belle silhouette du chevalier, et de l'inquiétude pour sa vieille monture.

Une fois sur le terrain, les nombreux combattants excitent leurs chevaux et brandissent leurs épées. Les premiers affrontements ont lieu. Quel fracas quand les lourdes épées s'entrechoquent !

— C'est quoi, leur but, exactement ? demande Cléo, étonnée de cette pagaille.

— Faire tomber un adversaire de son cheval. À partir du moment où il met pied à terre, le chevalier est considéré comme prisonnier de celui qui l'a renversé. Il devra lui payer une rançon.

— Mais tout le monde se bat contre tout le monde ?

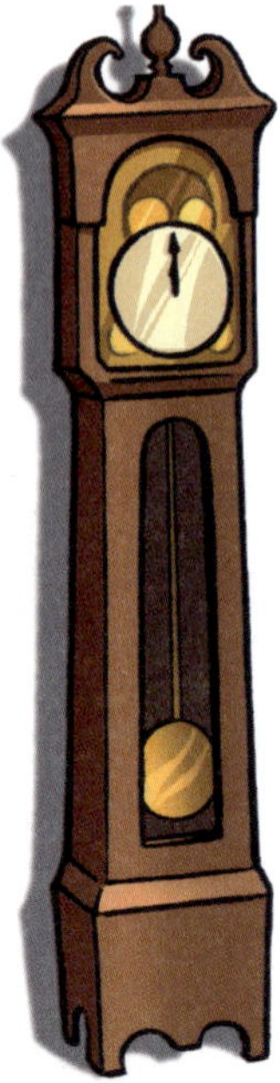

— Chacun choisit ses ennemis et ses alliés. Les riches seigneurs s'entourent de nombreux chevaliers qu'ils paient pour les protéger.

— Encore une injustice, soupire Cléo.

— C'est comme ça, dit

Balthazar. Le système féodal, c'est le contraire de l'égalité… Mais si Béranger réussit à faire un prisonnier, il commencera à gagner sa vie.

Chapitre 4

Sac-d'os et Vaillante

Encore proche de l'entrée, le chevalier à l'ours d'azur tire avec ardeur sur les rênes de son cheval.

— Allez ! Hue ! Fonce dans le tas !

Cessant de brouter l'herbe qui se trouve sous son nez, la vieille monture prend le temps de contempler les chevaliers qui combattent dans la poussière. Et avec détermination… elle fait demi-tour.

— Sac-d'os ! Non ! Dans l'autre sens !

Les spectateurs se mettent à rire, sauf la dame au hennin vert qui commence à se ronger les ongles. Béranger tire de plus belle sur les rênes, injurie son cheval, le bourre de coups d'étrier…

Sans broncher,

celui-ci se dirige vers la sortie.

Couché aux pieds de Cléo, Grodof penche la tête, l'air de dire : « Pauvre vieux Sac-d'os ! Il n'a plus l'âge de participer à un tournoi… »

Sous les moqueries, le cheval franchit les barrières et contourne les tribunes. Une fois dans le dos des spectateurs, il lance une ruade d'une puissance étonnante. Ne se méfiant pas, Béranger

bascule par-dessus sa tête et tombe de tout son long dans l'herbe. Sac-d'os saute par-dessus le corps, part au petit trot, et disparaît derrière le château.

Le jeune chevalier ne bouge plus. Très inquiets, Cléo et Balthazar s'agenouillent à ses côtés :

— Tu es blessé, Béranger ?

Il gémit :

— Non… Mais je suis encore plus désespéré  qu'avant… Un chevalier sans cheval, c'est vraiment ridicule !

— Nous allons t'en trouver un autre, dit aussitôt Cléo.

— C'est impossible. J'ai dépensé mes derniers sous pour faire peindre mon écu.

— Ce chevalier pessimiste commence à

m'énerver ! chuchote Balthazar à l'oreille de Cléo.

Sa meilleure amie lui lance un clin d'œil et prend une voix légère.

— Tant pis. Mais c'est dommage, Béranger. Une dame au hennin vert semblait beaucoup s'intéresser à toi…

Le chevalier se redresse.

— Une dame au hennin vert ? Avec une robe décorée de griffons ?

— C'est ça.

Il saute sur ses pieds.

— Les couleurs du comte de Séverac ! Ce doit être sa fille.

Essayons de trouver un cheval.

— Bravo, Cléo ! dit Balthazar à voix basse. Tu as touché un point sensible.

Dans le château désert, la visite des écuries est rapide et décevante : aucune bête ne s'y trouve. Mais en faisant le tour du chemin de ronde, ils aperçoivent un peu plus bas… un cheval qui galope d'un bout à l'autre d'un pré.

Après avoir couru à perdre haleine, les enfants, leur chien et le chevalier se faufilent sous la haie qui entoure le pré. Une jument jeune et robuste

tourne la tête vers eux et leur montre les dents.

— Pas commode ! s'exclame Béranger. Voilà pourquoi elle reste à l'écart du tournoi. Attendez-moi là, je m'en occupe.

Cléo, Balthazar et Grodof suivent des yeux la lente approche de Béranger, qui parle à la jument d'une voix ferme et douce.

— Quelle énergie tu as ! Je vais t'appeler Vaillante.

Et soudain, le chevalier l'enfourche ! Furieuse, Vaillante se cabre, et rue, et se cabre, et rue encore, tandis que Béranger s'accroche à elle. Un vrai rodéo !

Le cavalier et sa monture passent à vive allure, de gauche à droite puis de droite à gauche. Vingt minutes plus tard, Vaillante finit par se lasser et accepte d'obéir au chevalier. Alors Béranger lance le cheval vers le tournoi.

Les enfants et Grodof se précipitent derrière lui.

Chapitre 5

La dame au hennin vert

Bien droit sur son cheval puissant qu'il maintient d'une main ferme, Béranger de Montaigu a maintenant fière allure. Il entre en lice au milieu de la poussière et des cris. Mais plutôt que de s'attaquer au premier chevalier rencontré, il mène sa monture droit vers un chevalier au blason vert orné de griffons : le comte de Séverac, père de la dame qui s'intéresse à lui.

Attaqué de toutes parts, celui-ci se trouve en très mauvaise posture ! Ses quatre adversaires ont reconnu un homme riche et ils espèrent une forte rançon s'ils réussissent à le mettre à terre.

Dans les tribunes, Cléo repère la dame au hennin vert. Elle entraîne Balthazar et Grodof sur le banc d'en dessous. Puis d'une voix forte, elle fait semblant d'interroger Balthazar, en lui donnant un coup de coude :

— Qui est ce chevalier aux griffons qui subit une telle attaque ?

— Un certain comte de Séverac, lui répond son meilleur ami, qui a tout de suite compris.

Au milieu de ces combats

compliqués, ils ont réussi à attirer l'attention de la dame sur cette partie du tournoi. Elle pousse un cri d'effroi.

— Mon père est en danger ! À son âge, il risque de se blesser gravement en tombant !

— Heureusement, il n'est pas seul, Héloïse ! s'exclame sa voisine.

En effet, Béranger aide le comte de Séverac à parer les coups qui lui sont destinés. À droite, à gauche, devant, derrière, le jeune chevalier à l'ours bleu frappe de son épée tous ceux qui osent approcher le comte. Sa

monture vive et puissante donne l'impression qu'il est partout à la fois.

À deux contre quatre, pourtant, le combat est inégal. Sur la tribune, tout le monde retient son souffle.

Balthazar se tourne vers la dame au hennin vert et s'incline.

— Belle dame, auriez-vous un ruban à donner à mon maître pour l'encourager ? C'est lui qui tente de secourir votre père.

En rougissant, Héloïse défait de son hennin un ruban vert, qu'elle tend

à Balthazar. Celui-ci file jusqu'aux lices. Tout près de Béranger, il attend un moment propice.

Enfin, d'un coup précis, Béranger brise l'épée d'un de ses adversaires. Et aussitôt, il touche le cheval d'un autre, qui s'agenouille dans la poussière. Voyant cela, les deux autres préfèrent renoncer.

Debout sur la barrière, Balthazar fait signe à Béranger et, profitant de ce répit, lui donne le ruban d'Héloïse de Séverac.

Derrière Cléo et Grodof, la dame au

hennin vert pousse un cri de joie.

— Formidable ! Quel chevalier magnifique ! Ah, j'aimerais tellement épouser un jeune et fougueux chevalier comme lui... Au lieu de ce Jehan de Sombrefosse qui a trente ans de plus que moi !

— Héloïse ! dit la dame brune. Chut ! Quelqu'un pourrait vous entendre et le répéter à Jehan !

Chapitre 6

Deux blessés

Le comte s'éloigne, retrouvant ses compagnons habituels.

— Eudes de Petitpré ! Vous n'étiez pas là quand j'avais besoin de vous !

Soudain, au moment où le petit groupe de chevaliers passe devant Béranger, Vaillante s'effondre ! Déséquilibré, le chevalier à l'ours bleu roule dans la poussière. À côté de lui, un autre chevalier au blason rayé se dresse sur son cheval. Resté tout près, juste derrière les lices, Balthazar l'entend crier :

— Espèce de tricheur !

Hélas, un autre combattant profite de ce moment d'inattention pour le renverser. Tandis que Béranger réussit à se remettre debout, le chevalier

rayé a juste la force de secouer la chaîne en or qu'il porte autour du cou, de montrer sa gorge, comme s'il avait quelque chose de coincé à l'intérieur, puis de s'écrouler, évanoui.

Sur la tribune, tout le monde est catastrophé.

— Pourvu que ce ne soit pas trop grave ! s'exclame Cléo en regardant le chevalier rayé inanimé, emporté par ses écuyers.

Pour la réconforter,

Grodof lui donne un grand coup de langue sur la joue.

Derrière eux, les dames n'ont d'yeux que pour Béranger. Avec prudence, Balthazar pénètre sur le champ de bataille. Il l'aide à relever son cheval et à le conduire dans l'écurie pour le soigner.

— Ce chevalier à l'ours d'azur n'a pas de chance ! s'écrie Héloïse. Il a juste eu le temps de sauver mon père, et voilà que son tournoi est terminé.

Cléo se retourne.

— C'est vrai ! Et pourtant, ce tournoi est tellement important pour lui !

Héloïse regarde avec un peu de mépris cette paysanne qui ose lui adresser la parole. Mais la curiosité est la plus forte.

— Vous le connaissez ? Comment s'appelle-t-il ?

— Béranger de Montaigu. Figurez-vous qu'il était le cinquième fils de son père...

Et Cléo raconte l'héritage de l'épée rouillée, de la cotte de mailles trop grande et du vieux cheval. Elle décrit avec admiration la manière dont

Béranger a dressé Vaillante, la jument récalcitrante.

Lorsqu'elle a terminé son récit, Héloïse est toute pensive.

— C'est peut-être de ma faute si on s'en est pris à lui... Mon fiancé est si jaloux...

Elle retire de son doigt un anneau d'or joliment gravé.

— Tiens, petite. Donne ça de ma part au chevalier Béranger. Avec cet anneau, il peut tout de suite aller s'acheter un autre cheval.

— Héloïse ! proteste sa voisine. C'est votre anneau de fiançailles !

— Si Jehan me demande

où il est passé, je lui dirai qu'il m'a servi à réparer une tricherie, répond avec hauteur la dame au hennin vert.

— Une tricherie ! s'exclame Cléo. Que voulez-vous dire ?

— J'ai bien vu ce qu'on a lancé dans les pattes du cheval !

Comme Cléo reste bouche bée, la dame s'écrie :

— Allez petite, ne perds pas de temps !

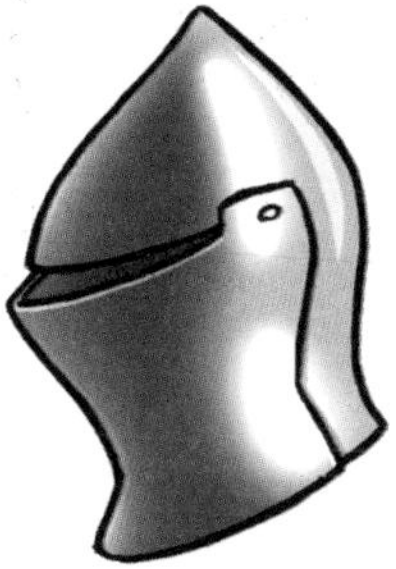

Chapitre 7

Le mauvais joueur

Après avoir donné l'anneau à Béranger, Cléo court le long des lices, le plus près possible de l'endroit où Vaillante est tombée. Dans la poussière, elle découvre un objet métallique, grand comme la main mais beaucoup plus mince.

Puisqu'elle n'est ni chevalier, ni écuyer, Cléo n'a pas le droit de pénétrer sur le champ du tournoi. Vite, elle détache d'un arbuste une fine branche de bois. Ainsi armée, elle réussit à rapprocher peu à peu l'objet, puis à l'attraper.

Le petit appareil est constitué de quatre pointes de fer bien aiguisées. En le jetant plusieurs fois sur le sol, Cléo comprend qu'il a été fabriqué de manière à avoir toujours une

pointe en l'air. Une arme idéale pour blesser les chevaux !

Pendant ce temps, Béranger revient se battre sur sa nouvelle monture, achetée grâce à la bague d'Héloïse.

Dans les tribunes, Cléo retrouve Balthazar et Grodof. Elle leur montre sa découverte.

— C'est une chausse-trape, explique Balthazar en l'examinant. Cette arme

de guerre est interdite dans les tournois. Celui qui l'a utilisée est un tricheur !

— S'il voulait absolument se débarrasser de Béranger, il va être furieux de le voir revenir !

Justement, sous leurs yeux, le chevalier à l'ours bleu subit les assauts d'une dizaine de chevaliers à la fois.

Derrière Cléo et Balthazar, la dame au hennin vert semble à deux doigts de s'évanouir. Son amie tente de la réconforter.

— Regardez comme votre protégé se bat avec

énergie, Héloïse ! Il réussit à parer chacun des coups qu'on lui porte.

— J'ai tellement peur pour lui ! Ils sont à dix contre un ! Ils vont finir par l'avoir !

Tout à coup, un clairon sonne la fin du tournoi. Balthazar pousse un énorme soupir de soulagement :

— Eh bien, pour une fois, notre chevalier malchanceux a de la chance !

Un à un, les chevaliers reviennent vers l'entrée

des lices. Leurs écuyers les aident à descendre de leur monture et à retirer leurs lourdes armures.

Le chevalier à l'ours bleu a reçu tellement de coups sur la tête que son heaume est tout cabossé. Balthazar a beau tirer dessus, impossible de le lui retirer ! Un forgeron doit apporter une grosse tenaille et découper le heaume avec précaution.

La dame au hennin vert ne regarde que lui. Elle semble tout émue de découvrir enfin son visage.

Mais son père s'approche à grands pas, entouré de ses hommes. Le comte de Séverac à l'air furieux.

— Quand je suis attaqué, je me retrouve tout seul ! Et ensuite, vous vous liguez contre celui

qui m'a défendu avec vaillance !

Jehan de Sombrefosse, ouvre de grands yeux étonnés.

— Vraiment ? Je n'ai pas remarqué qu'un inconnu vous avait défendu.

Eudes de Petitpré regarde ailleurs, comme si ce discours ne le concernait pas.

Le comte de Séverac s'arrête devant Béranger.

— Chevalier, vous vous êtes battu comme un lion, seul contre dix ! Et vous étiez là au bon moment pour moi. Vous êtes exactement le genre de combattant dont j'ai

besoin. À partir de ce jour, vous faites partie de ma maison.

Chapitre 8

Sauvés !

Autour du comte, les exclamations fusent. Embauché par le comte, Béranger aura toujours à sa disposition un cheval et une épée pour secourir les veuves et les orphelins. Il pourra gagner sa vie et, de temps en temps, offrir un banquet à ses compagnons.

Le chevalier s'incline.

— C'est un grand honneur pour moi, monsieur le comte.

Malicieuse, la dame au hennin vert s'exclame :

— Avez-vous remarqué, père, que le chevalier porte déjà nos couleurs ?

Elle désigne le ruban qu'il a accroché à son poignet. Rouge comme une tomate, Béranger s'incline à nouveau.

— Héloïse ! proteste Jehan de Sombrefosse. Vous êtes ma fiancée !

— Plus maintenant !

J'ai donné votre anneau au vaillant chevalier qui a secouru mon père, pour qu'il s'achète une nouvelle monture. La sienne avait été blessée avec une chausse-trape.

Le sire de Séverac fronce les sourcils.

— Mensonge ! crie Jehan. Monsieur le comte, ne l'écoutez pas. On complote contre moi parce que je suis votre futur gendre !

Mais Balthazar tend l'arme à pointes au comte de Séverac.

Les chevaliers sont stupéfaits. Seul Eudes de Petitpré reste impassible. Le comte se met en colère :

— Qui a utilisé cette arme de guerre ?

Cléo s'avance et fait une révérence.

— Monsieur le comte, il y a eu un témoin. Hélas, ce chevalier a été grièvement blessé. Mais avant de s'évanouir, il a eu le temps de désigner sa chaîne en or, puis le fond de sa gorge.

Il ne faut que quelques

secondes au comte pour comprendre qui le témoin voulait accuser.

— Eudes de Petitpré, votre attitude est indigne d'un chevalier ! Vous êtes jaloux parce qu'un autre a su me défendre à votre place. Et vous avez osé l'attaquer lâchement avec une arme interdite ! Vous ne faites plus partie de ma maison !

Blême de rage, le chevalier remonte sur son cheval. Il s'enfuit au galop, décidé à ne jamais revenir.

Dès que les autres chevaliers se sont éloignés, y compris Jehan de

Sombrefosse, Héloïse se tourne vers Béranger et lui sourit :

— J'avais toujours rêvé de rencontrer un chevalier tel que vous.

Alors, dans les yeux de Béranger, Cléo et Balthazar lisent un gigantesque, fantastique espoir : épouser un jour la belle Héloïse.

Entre les enfants, apparaît soudain le fantôme du chevalier. Il semble stupéfait.

— La malchance s'est acharnée sur moi... Et puis, soudain, le vent a tourné. Mais sans vous,

les enfants, j'aurais été trop désespéré pour saisir ma nouvelle chance !

Souriant jusqu'aux oreilles, il devient transparent… et disparaît tout à fait. Tout se met à tourner : la tribune et les lices, la foule des chevaliers, des écuyers et des dames…

L'instant d'après, Grodof, Balthazar et Cléo réapparaissent dans la salle des gardes du Château des Ombres.

— Balthazar, dit Cléo, j'espère que Béranger pourra épouser la dame au hennin vert. Mais entre nous, je ne l'ai pas trouvée si belle que ça. Tu as remarqué qu'elle n'avait pas de sourcils ? Et qu'elle était chauve sur le devant de la tête ?

— Toutes les dames du XIVe siècle étaient comme ça, Cléo ! C'était la mode de s'épiler le front et les sourcils.

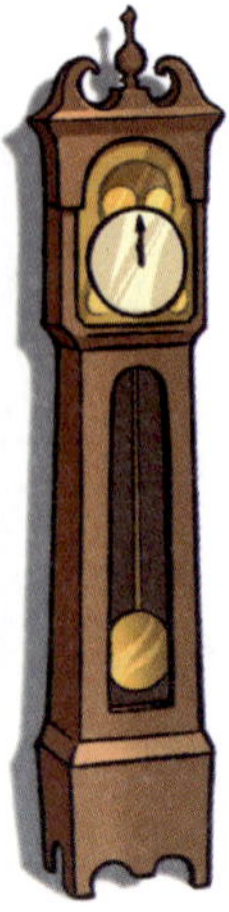

— Berk ! Heureusement que cette mode est passée ! Et puis, explique-moi. Est-ce que le comte a reconnu Eudes de Petitpré à son blason rouge et jaune, c'est-à-dire : « gueules et or » ? Gueule comme la bouche, et or comme sa chaîne ?

— Tout à fait.

Grodof lève le museau vers sa maîtresse, l'air de dire : « Bravo, Cléo ! »

Quelque part dans le Château des Ombres, l'horloge invisible sonne… treize coups ! Les enfants bâillent à s'en décrocher la mâchoire. Il est vraiment temps d'aller se coucher.

FIN

Bientôt, Cléo, Balthazar et Grodof vivront une nouvelle aventure merveilleuse. Ils voleront au secours d'un fantôme préhistorique…

Le silex magique

Cette fois-ci, Balthazar, Cléo et Grodof se retrouvent dans une grotte préhistorique ! Et Grand Cerf Rouge, le chef de la tribu, est vraiment impressionnant. Alors si en plus, il faut partir à la chasse à l'aurochs... C'est sûr, la préhistoire, ce n'est pas l'époque préférée de Balthazar !

Les as-tu tous lus ?
Sophie Marvaud
Ghost secret
La momie du Pharaon
1
La momie du Pharaon
Sophie Marvaud
Ghost secret
Le trésor de Barbe-Jaune
2
Le trésor de Barbe-Jaune

Ghost
secret
Concours
De nombreux lots à gagner !
Pour participer, télécharge
vite ton bulletin sur :
www.bibliothequerose.com

Donne ton avis à l'auteur !

Sophie, l'auteur, hésite entre plusieurs époques
pour la prochaine aventure de
Cléo, Balthazar et Grodof :

- *La Grèce antique*
- *La révolution française*
- *L'époque des Vikings*

Alors, laquelle tu préfères ?
Réponds à Sophie et envoie-lui
tes idées d'aventures ou même
tes dessins de fantômes !

Tu peux lui écrire à l'adresse mail suivante :

contact@ghostsecret.fr

OU lui envoyer une lettre ou tes dessins à :
Hachette Jeunesse Roman
Ghost Secret
43 quai de Grenelle
75905 Paris Cedex 15

N'oublie pas de bien indiquer tes coordonnées.

www.bibliothequerose.com
Le site de tes héros préférés
LA BIBLIOTHÈQUE ROSE
TES SÉRIES PRÉFÉRÉES
CONCOURS
QUOI DE NEUF ?
L'ATELIER
LA BOUTIQUE
BIBLIOTHÈQUE ROSE
LA BIBLIOTHÈQUE ROSE

Table

« Pour l'éditeur, le principe est d'utiliser des papiers composés de fibres naturelles, renouvelables, recyclables et fabriquées à partir de bois issus de forêts qui adoptent un système d'aménagement durable. En outre, l'éditeur attend de ses fournisseurs de papier qu'ils s'inscrivent dans une démarche de certification environnementale reconnue. »

Imprimé en France par Jean-Lamour - Groupe Qualibris
Dépôt légal : février 2008
20.20.1530.3/01 – ISBN 978-2-01-201530-2
Loi n°49-956 du 16 juillet 1949
sur les publications destinées à la jeunesse